ESSAI

D'UNE BIBLIOGRAPHIE

ANNUELLE.

ESSAI

D'UNE BIBLIOGRAPHIE ANNUELLE,

OU RESUMÉ

Des différens Catalogues de Livres qui ont paru dans le cours de l'an 9;

AVEC LES PRIX DES ARTICLES.

Cet Essai pourra servir aux littérateurs, aux bibliomanes, aux bibliophiles, aux libraires, et à tous ceux qui fréquentent les ventes.

N. B. On y a joint plusieurs articles biographiques, tels que ceux de Barthélemi, Darcet, Montucla, etc.

Let honesty and industry be as the breath of thy soul.
FRANKLIN.

A PARIS,

CHEZ { DEBRAY, libraire, Palais du Tribunat.
FUCHS, libraire, rue des Mathurins, hôtel de Cluny.

AN X — 1802.

On s'est plaint du peu de matériaux que nous ont laissé les écrivains qui ont assisté aux Etats-généraux de 1614. Ceux de 1789 n'éprouveront pas le même reproche. Quel océan de *papiers* roule autour de nous depuis 12 ans ! Le Moniteur seul forme 48 vol. in-fol., et coûte 600 fr. Cette collection est donc aujourd'hui plus chère que la première édition de l'Encyclopédie de Diderot et de D'Alembert. Les procès-verbaux des différentes assemblées nationales forment 300 volumes. La liste des autres écrits et pamplets est innombrable. Il faut actuellement trouver un Tacite pour débrouiller tout ce cahos. Quelle contrée habite-t-il ? Quelle génération pourra se glorifier de le produire ?

ESSAI
D'UNE BIBLIOGRAPHIE
ANNUELLE.

LA révolution, comme le plus rapide torrent a entraîné dans sa course un grand nombre de bibliothèques. Les antiques dépôts, recueillis par des moines, et qui semblaient aussi inébranlables que les pyramides d'Egypte, ont été bouleversés. Beaucoup de riches rentiers, amateurs et instruits, qui avaient des collections précieuses, se sont trouvés forcés de les donner *pour un morceau de pain* (1), ce qui fit dire à un homme d'esprit, obligé de vendre en détail sa bibliothèque pour vivre : *Chaque jour je me nourris des grands hommes.*

(1) Cette expression, qui eût été triviale dans un autre temps, se trouve très-juste dans celui-ci, quand on se rappelle le prix des livres, lors des assignats et de la disette.

Jamais les livres n'ont eu plus de mouvement qu'aujourd'hui. La bonne et saine littérature ne demande qu'à renaître ; ce brouillard épais de romans aussi insipides que dangereux, qui enveloppe notre atmosphère depuis plusieurs années, commence à se dissiper.

Enfin les gens de goût reviennent aux ventes, et reprennent avec amour ces belles éditions d'Homère, de Virgile, d'Horace et de Ciceron. Les nouveaux riches paraissent aussi vouloir essayer de cette jouissance, et lorsqu'ils seront las de leurs cuisiniers, il est possible qu'ils s'y livrent tout-à-fait. Ils sont déjà séduits par les belles reliûres de Bozerian et de Derome. Combien l'habit a fait valoir certaines gens! combien le maroquin a fait vendre de livres! Personne n'a mieux developpé le mérite de l'habit que Sédaine dans sa jolie Epître :

Ah ! mon habit, que je vous remercie,
Que je valus hier, grace à votre valeur.

Après une longue tourmente, on sent la nécessité de revenir aux bons ouvrages.

Ecoutons Montaigne lorsqu'il parle des livres : « C'est, dit-il, la meil-
» leure munition que j'aie trouvé à
» cet humain voyage, et plains ex-
» trêmement les hommes d'entende-
» ment qui l'ont à dire. »

Et ailleurs : « *L'escrivaillerie* sem-
» ble être quelque symptôme d'un
» siécle débordé : quand écrivîmes-
» nous tant que depuis que nous som-
» mes en trouble ? Quand les Ro-
» mains tant que lors de leur ruine ? »

De tous les commerces, le plus noble est celui des livres ; mais combien de fois il a été dégradé. La gangrène de l'agiotage n'a pas épargné la librairie. On ne rougit point de spéculer sur les Vascosan, les Aldes, les Barbou et les Didot, comme sur *le tiers consolidé et sur les bons au porteur*. Les livres ont un cours comme les effets de la bourse. On en a fait des *capitaux à argent* qui ont leur hausse et leur baisse. Funeste maladie (1) qui dessèche le vrai commerce. Les étrangers ont profité de cette épidémie, et pendant le règne

(1) *Ferro nocentius aurum.* Ovid.

du *papier-monnaie*, ils nous ont enlevé les articles les plus précieux.

La contrefaction s'est étendue jusques sur le livre des postes ; une affiche intitulée *Abus de confiance*, mise par le citoyen Favre, libraire au Palais-Egalité, annonce le moyen de reconnaître le véritable ouvrage qui se vend chez lui.

Cette piraterie littéraire mériterait un long article, mais je le réserve pour un autre temps.

Il faudrait la plume d'un Swift ou d'un Addisson pour dénoncer toutes ces iniquités tant de fois multipliées. Je me contenterai de citer un apologue de Swift (1), très-bon à présenter à certaines gens ; il est tiré d'un de ses écrits intitulé : *The battle of the books*. C'est une courte historiette de l'Araignée et de l'Abeille.

---

(1) Je n'ai point traduit littéralement. On connait le style de cet auteur, justement appellé le Rabelais de l'Angleterre. Il suffisait de rendre ses idées. D'ailleurs je serai toujours fidèle à ce principe : *La lettre tue et l'esprit vivifie.*

L'ARAIGNÉE ET L'ABEILLE.

Au coin le plus élevé d'une large fenêtre s'était établi une araignée. Un nombre infini de mouches expirantes aux portes de son *palais*, ressemblait un peu à des *ossemens humains* devant l'antre de quelque *géant*. Les avenues de son *château* étaient garnies de *contrescarpes*, et de *palissades*, toutes dans le *genre moderne* de nos fortifications. Il fallait traverser plusieurs *cours* pour arriver au centre. Depuis quelque temps notre araignée éloignée de tout danger et à l'abri des plus *longs balais*, vivait paisiblement dans sa forteresse, construite avec autant d'art que de légèreté.

Lorsque le hazard voulut qu'une Abeille voltigeant dans le voisinage, s'approcha avec curiosité de l'édifice fragile, et dès les premiers pas qu'elle fit sur les *murailles extérieures*, elle fut entraînée par son propre poids. Tout fut ébranlé jusqu'au centre : l'araignée éprouvant une terrible commotion, crut d'abord que le *globe* approchait de sa dissolution, ou que

Belzébuth arrivait avec toutes ses légions pour lui déclarer la guerre. Malgré tout le danger de sa situation, elle se présenta avec courage, bien déterminée de faire face à l'ennemi.

L'abeille, à peine revenue de sa chûte s'était retirée à quelque distance pour nettoyer ses aîles, et se débarrasser de tous les lambeaux *de toile d'araignée* qui l'enveloppaient. Son ennemie furieuse, regardant avec rage les ruines et les décombres de sa *forteresse*, ne pouvait contenir sa colère, et était prête à crever de dépit, lorsqu'elle apperçut l'abeille, et après l'avoir bien examinée, elle lui parla ainsi :

L'ARAIGNÉE.

La peste t'étouffe, petite dévergondée, quel esprit infernal t'a conduit ici pour y faire tant de dégat ? ne pouvais-tu pas ouvrir les yeux et aller au diable ! Crois-tu que je n'aie rien autre chose à faire qu'à réparer tes sottises ?

L'ABEILLE, *ironiquement.*

Tout doux, ma chère, je vous donne

bien ma parole qu'il ne m'arrivera plus d'approcher ainsi de votre cloaque. Depuis que je suis née, je n'ai point éprouvé une rencontre aussi périlleuse.

L'ARAIGNÉE.

Impertinente ! j'aurais bientôt puni ton audace, si ce n'était pas déroger à un ancien usage établi parmi nous de ne jamais quitter nos foyers.

L'ABEILLE.

De la douceur, ma mie, employez mieux vos momens à réparer le dégat fait à votre sale demeure. Ne perdez pas votre temps en bravades inutiles.

L'ARAIGNÉE.

Tu ajoutes encore à ton insolence en voulant me railler. Je laisse tout le monde juge de notre querelle.

L'ABEILLE.

Vous ne trouveriez pas beaucoup d'amis, et ce serait courir le risque de vous soumettre à un jugement qui ne vous serait pas favorable.

L'ARAIGNÉE, *perdant patience et voulant finir ce débat.*

Sans vouloir m'abaisser à discuter aussi long-temps ; réfléchis un moment. Qui es-tu autre chose qu'une petite vagabonde, sans asyle assuré? née sans aucune propriété que tes aîles et ta trompe, ton existence est un pillage continuel, tu maraudes sans cesse dans les champs et dans les jardins, et pour l'amour du vol, tu dérobes aussi lestement une ortie qu'une violette. Mais moi, animal domestique, j'ai ma propriété. Mon *château* prouve mon habileté et ma science profonde en mathématiques (1), c'est mon ouvrage et celui de mon industrie ; tous les matériaux proviennent de ma propre substance.

L'ABEILLE.

Il est heureux que vous m'accordiez quelques talens, la nature me les a donnés pour en faire un bon usage,

---

(1) Quelle sotte présomption ! l'abeille ne prouve-t-elle pas bien mieux son habileté en architecture :

Thy art of building from the bee receive, POPE.

et je remplis ses vues. Mes excursions dans les campagnes m'honorent infiniment. Je m'enrichis de tous les dons de Flore, sans nuire ni à leur éclat, ni à leur odeur. Mais vous qui vantez si fort votre habileté en mathématiques, je veux bien vous accorder de la précision et de la méthode, mais à quoi bon tout cela, lorsqu'il n'y a ni utilité, ni solidité; vous prétendez ne devoir qu'à vous seule l'habile contexture de votre toile, et je vois cependant que la liqueur qui la compose n'est qu'un amas impur de fange et de poussière que vous vous appropriez, et pour bien apprécier ce riche trésor, j'ajouterai qu'il provient de toutes les *balayures* du lieu que vous habitez. Vous ne vivez que de destruction; la mort d'un insecte vous fournit assez de poison pour en détruire un autre; ainsi la question se réduit à ceci : Quel est le plus estimable de deux êtres; l'un qui, dans un espace de quatre à cinq pouces passe toute sa vie dans une oisive contemplation, se nourrit de carnage et d'orgueil, tourne tout en poison, et ne sait rien produire qu'un foible rézeau : et l'autre qui, par ses courses, ses longues recherches, son travail et son industrie, reporte chaque jour à la ruche une quantité suffisante de cire et de miel.

Ainsi se termina la querelle ; l'*abeille* ennuyée d'avoir perdu un temps si précieux, alla se jeter avidement sur un massif de roses, laissant l'araignée dans son humeur sombre, et prête encore à crêver de dépit.

Imitons donc la diligente abeille, et rejettons le faux orgueil de la ténébreuse araignée. Rappellons-nous que le célèbre Franklin fut d'abord imprimeur, puis devint ambassadeur. Il n'oublia jamais son premier métier, et le citait souvent dans ses conversations et dans ses ouvrages.

Tout nous fait espérer que le commerce de la librairie est prêt à refleurir de nouveau, et que les vues du gouvernement qui parait déterminé à l'encourager, seront entièrement remplies.

Il est donc intéressant pour tous les littérateurs, pour les bibliomanes, pour les bibliophiles, et pour tous les libraires, de trouver réuni dans un même ouvrage, le détail des articles les plus curieux qui ont paru aux principales ventes de l'an 9. Ce sera désormais une route tracée pour les années qui vont suivre, et une espèce de bibliographie annuelle où viendront puiser les continuateurs des Dictionnaires de ce genre.

Il serait convenable que chaque libraire, lorsqu'il compose un catalogue de livres de quelque littérateur connu, le fît toujours précéder d'une courte notice biographique. Quand on parcourt la bibliothèque d'un homme de goût, on aime à retrouver les moindres particularités de sa vie, *causer*, pour ainsi dire, *avec ses pensées*; on cherche partout l'ami des sciences, et des lettres. Dans le catalogue des livres de l'abbé Barthelemi, dont le sommaire se trouve ici, le citoyen Bernard, libraire, chargé de cette vente, n'a pas manqué à cette attention, parce qu'il a bien senti qu'elle intéressait ses lecteurs.

COLLECTION

Des livres du citoyen Bailly, ancien prote de l'imprimerie de Didot jeune.

La vente qui s'est faite à l'établissement Mauger, libraire, rue des Bons-Enfans, n°s. 19 et 36 a commencé le 3 frimaire an 9, et a duré 10 jours; elle fut très-suivie. En tête du catalogue fait avec beaucoup de soin, le citoyen Bailly annonce que sa santé et le besoin de repos l'ont déterminé à se séparer de ses livres, qui devaient faire le charme de sa vieillesse.

Il remercie ensuite les savans et les libraires, qui ont contribué à augmenter sa collection, pendant sa longue carrière typographique.

Il termine par un juste éloge du citoyen Bozerian, qui a employé tout son art dans la relîure de ses livres, et qui leur a donné ce degré de perfection à laquelle lui seul pouvait atteindre.

Cette collection a paru plutôt destinée aux objets de luxe qu'à ceux d'instruction. On indiquera les prix des articles principaux en mettant à chacun le n°. du catalogue.

N°. 7. La Sainte Bible, contenant l'ancien et le nouveau Testament, traduit en français par Le Maître de Sacy. Paris, Defer de Maison-Neuve. 1789. 18 livraisons in-4°. br. en carton, figures de Marillier. — Vendu 120 francs.

N°. 17. Le Nouveau Testament en latin et en français, traduction de Sacy, de l'imprimerie de Didot jeune, 4 vol. in-4°. grand papier vel. br. en cart. fig. épr. avant la lettre. On n'en a tiré que 18 exemplaires. — Vendu 203 francs.

N°. 133. Histoire naturelle de Buffon, avec celle des ovipares et des poissons par Lacépède. Paris, imprim. royale, 1769 et suiv. 60 volumes in-12. v. f. fil. tr. d. relîure de Derome et Bradel. — Vendu 292 fr.

N°. 142. Flora Parisiensis, ou Description et figures des plantes qui croissent aux environs de Paris, par Bulliard. Paris, Didot j. 1774 et suiv. 6 vol. in-8°. tirés in-4°. pap. d'Holl. v. rac. d. tr. d. relîure de Bozerian. — Vendu 350 francs.

N°. 181. Collection des arts, publiés par l'académie des Sciences. Paris, Guerin et Delatour, 1754 et suivant. 92 cahiers in-folio br. comp. moins les pêches. — Vendu 200 fr.

N°. 240. Oratorum græcorum quæ supersunt

scilic. Demosthenis, Æschinis, Lysyæ, Isœi, Antiphontis, etc. grec et lat. cum notis varior. curâ Reisky. Lipsiæ Typis Sommeri, 1770. 12 vol. in-8°. v. f. rare. — Vendu 139 fr.

N°. 287. Lucrece, De la Nature des choses, traduit par Lagrange. Paris, Didot j. 1794, 3 v. in-fol. pap. vel. br. en carton, fig. de Monnet, avant la lettre, tiré seulement 55 exemplaires, — Vendu 106 fr.

N°. 302. P. Virgilii Maronis opera, varietate lectionis et perpetuâ adnotatione illustrata a Chr. Gottl. Heyne, Lipsiæ, Fritsch, 1788, 4 vol. in-8°. p. fin mar. r. fig. (belle reliûre anglaise), exempl. de Camus Delimare. — Vendu 86 fr. 50 c.

N°. 382. Le roman de la Rose, par Guill. de Lorris et Jehan de Meung, avec le glossaire et les variantes. Paris, Fournier de l'imprimerie de Didot j. 1788, 5 vol. in-8°. gr. pap. vel. v. porph. d. tr. d. fig. avant la lettre. — Vendu 100 fr. 60 c.

N°. 394. Fables choisies mises en vers, par J. de la Fontaine, Paris, Jombert, 1755, 4 vol. in-fol. gr. pap. mar. r. figures d'Oudry, belles épreuves. — Vendu 220 fr.

N°. 425. La Pucelle d'Orléans, poëme en 21 ch. par Voltaire, Paris, Didot jeune, 1797, 2 vol.

2 vol. in-fol. gr. pap. vel. br. en carton, par Bradel, fig. av. la l. et eaux fortes. — Vendu 200 fr.

N°. 462. Œuvres de J. Racine avec les commentaires de Luneau de Boisjermain, Paris, Cellot, 1768, 7 vol. in-8°. pap. d'Holl. mar. r. avant la let. — Vendu 172 fr.

N°. 504. La Gerusalemme liberata di Torquato Tasto, stampata d'ordine di Monsieur, Parigi, Fr.-Ambr. Didot, 1784, 2 vol. gr. in-4°. mar. r. d. fig. de Cochin. — Vendu 110 fr.

N°. 517. Œuvres de Salomon Gesner, Paris, Renouard 1799, 4 vol. in-8°. gr. pap. vel. m. r. moire-dent. fig. de Moreau j. épr. av. la lettre. rel. de Bozerian. — Vendu 261 fr.

N°. 551. El ingenioso hidalgo don Quixote de la Mancha, par Miguel de Cervantes Saavedra, edicion corrigeda por la Academia Reale Espannola, en Madrid, Joach. Ibarra, 1780, 4 vol. in-4°. mar. v. fig. (Chef-d'œuvre de l'art typographique en Espagne, parfaite correction dans le texte et scrupuleusement soigné par l'académie de Madrid, (les ex. en sont rares.) — Vendu 202 fr. 10 c.

N°. 558. Les Avantures de Télémaque, par Fénélon, Paris, Didot j. 1785, 2 vol. in-fol.

m. r. d. tabis fig. rel. de Bozerian, exemp. presque unique, feuilles du texte choisies, fig. de prem. épreuves. — Vendu 223 fr.

N°. 570. Histoire de Gilblas de Santillane, par le Sage, Paris, Didot j., 1794, 4 vol. in-8°. gr. pap. vel. br. en cart. fig. avant la l. et eaux fortes, on n'a tiré que 45 exemp. de ce format. — Vendu 114 fr.

N°. 621. Œuvres de J.-J. Rousseau, Paris, Defer-de-Maisonneuve 1793 et suiv. 18 vol. in-fol. p. vel. br. en cart. fig. épr. avant la lettre, on n'a tiré que 4 exemp. deux sont chez l'étranger. — Vendu 1200 fr.

N°. 623. Œuvres complettes de Voltaire, Ed. de Beaumarchais, Kell, 1785, 70 vol. in-8°. gr. pap. vel. v. f. fil. tr. d. fig. de Moreau le j. épreuves d'artiste, rel. de Bozerian. — Vendu 901 fr.

N°. 630. Œuvres de Mancini Nivernois, Paris, Didot j. 1796 et suiv. 8 tom. 7 vol. in-8°. gr. pap. vel. mar. r. dent. moire d. magnifique reliûre de Bozerian, on n'a tiré que 4 exemp. — Vendu 380 fr.

N°. 710. Voyage du J. Anacharsis en Grèce, par J.-J. Barthelemy, Paris, Didot j. 1799, 7 vol. in-8°. gr. pap. d'Holl. Atlas, in-fol. m.

bleu, tabis d. reliûre de Bozerian. — Vendu 301 fr. 10 cent.

N°. 713. Le même ouvrage, même édit. 7 vol. in-4°. gr. pap. v. Atlas in-fol. br. en cart. dos de mar. par Bozerian, il n'y a eu que 18 exemp. en gr. pap. — Vendu 530 fr.

N°. 733. La Conjuracion de Catilina y la guerra de Jugurtha por Cayo Sallustio Crispo, en Madrid, Joach. Ibarra, 1772, in-fol. mar. r. fig. et cartes. — Vendu 290 fr.

Collection considérable de Livres provenant du fonds d'ancienne librairie du citoyen J.-G. Mérigot.

La vente qui s'est faite à l'établissement Silvestre, rue des Bons-Enfans, n°. 12, par le citoyen G. Debure, L. libraire de la bibliothéque nationale, a commencé le 24 frimaire an 9, et a duré 54 vacations.

Le citoyen Mérigot prévient le public dans un avertissement, qu'en vendant la meilleure partie des livres, qui composent son fonds d'ancienne librairie, il n'a pas l'intention de renoncer au commerce, et qu'il se propose de continuer toujours celui de la nouvelle librairie.

Cette collection, ajoute-t-il, est le fruit de plus de 30 ans de travail; il s'y trouve des premières éditions, des livres rares, et des manuscrits. Ces derniers, en grande partie, viennent de la superbe bibliothèque de MM. de Lamoignon, ainsi que la collection des registres du parlement, en 514 vol. in-fol. c'est le recueil le plus complet qui ait paru jusqu'à présent.

Il s'y trouve aussi des lettres originales des rois de France, de leurs ministres, généraux, ambassadeurs, etc. qui sont aussi précieuses qu'intéressantes pour notre histoire.

Ce catalogue qui contient près de 4000 articles, est trop étendu pour qu'on puisse en donner le sommaire, qui excéderait les bornes qu'on s'est prescrites dans cet essai. Il suffit de l'avoir indiqué aux amateurs qui peuvent se le procurer avec les prix.

A l'art. 570 du catalogue, on annonce *la Promenade du Sceptique, ou les Allées*, 1747, in-4°. v. m. manuscrit original de Diderot; il est très-précieux, parce qu'il n'est pas imprimé dans ses œuvres. Des raisons particulières ont engagé le citoyen Mérigot à le retirer.

En le parcourant, nous y avons trouvé des choses très piquantes, et marquées au cachet de ce philosophe. Il est à desirer que cet ouvrage soit bientôt réuni à ses œuvres.

Jolie collection de livres anglais très-bien conditionnés. Plusieurs d'une reliûre très-riche et très-élégante, offrant la réunion de la peinture et de la gravure.

La vente a été faite les 11 et 12 ventose, par le citoyen Bernard, libraire, à l'établissement Silvestre.

N°. 37. Meditations and contemplations by James Hervey, London, 1796, 2 vol. in-8°. great vellum paper, with engravings, rel. en mar. du levant. — Vendu 45 fr. 5 cent.

N°. 44. The lives of the eminent english poets, with critical observations on their works, by Johnson, London, 1800, 4 vol. in-18, with engravings, great vellum paper. — Vendu 26 fr.

N°. 59. The spectator, by Addisson and others, London, 8 vol. in-12, veau. — Vendu 33 fr.

N°. 61. Milton's Paradise lost, London, 1799, in-8°. great paper vellum, with cuts, reliûre étrusque. — Vendu 53 fr.

N°. 62. et 63, Pastor fido di Guarini, London, 1800, 2 vol. in-8°. pap. vel. rel. étrusque, fig. sur le plat et sur la tranche. — Aminta di Torquato Tasso. Londra. 1800, 1 vol. in-8°. pap. vel rel. étrusque, fig. — Vendu 99 fr.

N. 68. A new and general Biographical dictionary containing the lives and writings, of the most eminent Persons, in every nation. London, 1798, 15 vol. in-8°. gr. pap. — Vendu 166 fr.

N°. 69. The holy Bible ornamented with engravings, by J. Fittler from celebrated pictures by old Masters. London, 1795, in-4°. gr. vell. paper mar. du Levant. — Vendu 249 fr.

N°. 70. Select. views of Mysore, the country of Typoo-Sultan, by Home, London, 1794, in-4°. gr. vell. pap. unbound, — Vendu 40 fr.

N°. 96. Elegant extracts or usefull and entertaining passages in prose, selected for the improvement of young people, being similar in design to elegant extracts in Poetry. London, 1 vol. in-4°. — Vendu 18 fr. 30 cent.

N°. 116. The Work of James Thomson, with his last corrections and improvements, London, 1708, 3 vol. in-8°. With Cuts. — Vendu 17 fr.

N°. 126. Shakespear's Plays, in 38 parts, London, 1800, vellum paper. — Vendu 59 fr.

N°. 127. A compleat edition of great Britain's poets, London, 13 vol. in-8° gr. pap. unbound. — Vendu 156 fr.

N°. 128. The Works of Sam. Johnson a new edition by Arthur Murphy, London, 1792, 12 vol. in-8°. gr. vell. pap. unbound. — Vendu 50 fr.

N°. 132. A pitturesque tour through Holland, Brabant, and part of France, made in the year 1789, illustrated with Copper plates in *aqua tinta*, by Sam. Ireland, London, 1795, 2 vol. in-4°. gr. vell. pap. unbound. — Vendu 45 fr.

N°. 188. The english Garden of Flowers, in-fol. plates. — Vendu 41. fr.

N°. 139. Select views in Mysore, from drawings taken, on the spot by Home, With Historical descriptions, London, 1794, in-4°. gr. vell. pap. maroc. bound. — Vendu 96 fr.

N°. 140. The costums of China illustrated, by 60 engravings, with explanation, English and French. London, 1800, 1 vol. in-4°. gr. vell. paper. — Vendu 120 fr. 60 cent.

Collection des Livres du citoyen Darcet, membre du sénat conservateur, de l'institut national, etc.

Darcet, chymiste célèbre, et médecin savant, est mort en pluviose an 9, à l'âge de 78 ans.

Il a fait de belles expériences sur les terres, sur les poteries, sur les porcelaines qu'il a le premier perfectionnées, sur la destruction et la combustion du diamant, une longue suite d'analyses sur les matières animales, sur plusieurs eaux minérales, et sur un grand nombre de mines.

Sa vie ne fut occupée que de choses utiles, et jamais troublée par les orages qui remplissent la vie de tant d'autres hommes. Elle fut toute entière consacrée au travail et à l'étude de la nature.

Les vertus sociales rendirent Darcet aimable, et cher à tout ce qui l'approchait.

Il laisse trois enfans, son fils marche sur les traces de son père, et profite déjà du grand exemple qu'il a eu sous les yeux. Car

Un vertueux père est un bien précieux,
Qu'on ne tient qu'une fois de la bonté des Dieux.

N°. 50. C. Plinii secundi historiæ naturalis libri xxxvij, cum notis Jo. Harduini, Parisiis, 1723, 3 vol. in-fol. fig. v. b. — Vendu 40 fr. 50 cent.

N°. 65. Instruction sur l'art des mines, trad. de Délius, par Schreiber, Paris, 1778, 2 vol. in-4°. fig. bas. — Vendu 14 fr.

N°. 77. De la fonte des mines, par Hellot, Paris, 1750, 2 vol. in-4°. fig. v. m. — Vendu 39 fr.

N°. 95. Jos. Pitton Tournefort, institutiones rei herbariæ cum corollario, Lugd. 1719, 3 vol. in-4°. fig. v. m. — Vendu 24 fr.

N°. 107. Histoire des plantes de la Guyanne française, par Fusée Aublet, Paris, 1775, 4 vol. in-4°, fig. dem. rel. — Vendu 30 fr.

N°. 111. Ul. Aldovrandi opera omnia Bononiæ, 1599, 13 vol. in-fol. fig. v. b. — Vendu 112 fr.

N°. 118. Mar. Syb. Merian dissert. de generatione et metamorphosib. insectorum Surinamensium, Amsterd. 1715, in-fol. fig. mar. r. — Vendu 27 fr.

N°. 130. Engelberti Kempheri amænitates exoticæ Lemgoviæ, 1712, in-4°. fig. v. m. — Vendu 24 fr.

N°. 144. Alb. Haller elementa physiologiæ,

Lausannæ, 1757, 8 vol. in-4°. v. m.— Vendu 60 fr.

N°. 149. Van Swieten commentaria, in H. Boerhaave aphorismos, etc. Parisiis, 1746, 5 vol. in-4°. v. m. — Vendu 34 f.

N°. 167. Fred. Ruyschii opera anatomico-medico-chirurgica, Amstelodami, 1727, 3 vol. in-4°. fig. v. m. — Vendu 20 fr. 60 cent.

N°. 255. Œuvres de Montesquieu, Paris, Plassan, 1796, 5 vol. in-4°. pap. vel. fig. v. rac. — Vendu 115 fr.

N°. 269. Voyage pittoresque de la Grèce, par Choiseul-Gouffier, Paris, 1775, 2 vol. in-8°. v. m. — Vendu 143 fr.

N°. 379. Histoire et mémoires de l'académie des sciences, 110 vol. in-4. rel. et br. avec les tables de Rosier, et 6 vol. rel. des savans étrangers. — Vendu 120 fr.

Supplément n°. 6. Histoire naturelle générale et particulière, avec la description du cabinet du roi, par MM. de Buffon et d'Aubenton, Paris, 1749, 37 vol. in-4°. fig. exempl. de présent. — Vendu 470 fr.

Supplém. n°. 46. Le Moniteur commençant au 24 novembre 1789, jusques et compris l'an 9, 24 vol. in-fol. v. m. — Vendu 606 fr.

Bibliothèque de feu l'abbé Barthelemy, Garde du Cabinet des Médailles de Paris, Membre de l'Académie des Inscriptions et Belles-Lettres, de l'Académie Française, de la Société Royale de Londres, de l'Académie de Madrid, et de plusieurs autres Sociétés Savantes.

Cette vente, commencée le 29 ventose an 9, s'est faite par le citoyen Bernard, libraire, à l'établissement Silvestre. Elle a été accueillie comme elle méritait de l'être. Les amateurs et les curieux s'y sont rendus en foule, et chacun a voulu posséder quelque fragment de cette savante collection.

Il y a eu 24 vacations. Il est bon de remarquer qu'il ne s'est pas passé un jour sans qu'on ait vendu un Anacharsis. On ne s'en rassasiait point. Véritable hommage rendu à l'auteur qui a consumé 30 ans de sa vie à composer cet ouvrage!

L'édition vraiment originale d'Anacharsis est celle in-4°. Paris, Debure, 1788. L'auteur l'avait revue avec un soin particulier, il y avait fait des changemens et des additions qui ne se trouvent pas dans celle in-8°. de la même date. Les citations surtout sont très-exactes. Il y en a plus de vingt mille. En 1799, (an 7.) Didot le jeune donna la quatrième édition très-soignée, par Barthelemy de Courçay, à qui son oncle avait communiqué des changemens utiles et des additions de sa main. Elle a trois formats, l'in-4°., en 4 vol. et Atlas; l'in-8°., 7 vol. et Atlas; l'in-12. 7 vol. et Atlas. Les tables y sont bien plus complettes, et cette édition posthume renferme des tables nouvelles. L'Atlas est augmenté de divers monumens et dequatre cartes essentielles à l'ouvrage, celle de *l'Acarnanie*, de *l'Eolide*, des *Côtes de l'Asie mineure*, des *Plans de la Bataille de Marathon* et de *l'Isle de Délos*. C'est Barbié du Bocage qui a perfectionné son propre travail, si digne de ce bel ouvrage; le citoyen Sainte-Croix a concouru à l'exécution de cette édition et de la précédente, avec l'attention la plus scrupuleuse, et avec un succès digne de son érudition. Il y a eu une traduction in-8°. en Allemand, et une autre en Anglais, dans le même format. L'une et l'autre ont eu plusieurs éditions.

NOTICE

Sur J.-J. Barthelemy, (par le cit. Bernard.)

Probitate morum, ingenii elegantiâ,
Operum varietate monstrabilis.

PLINE.

Jean-Jacques Barthelemy était né à Cassis, petit port voisin d'Aubagne, le 20 janvier 1716.

Marseille, colonie grecque de l'antique Phocée, se glorifie d'avoir formé l'écrivain qui a peint les Grecs avec tant d'élégance et de vérité. Le jeune Barthelemy y fit ses études au collège de l'Oratoire. Il s'appliqua beaucoup aux langues grecque et latine. Un Maronite lui enseigna la langue arabe, mère des langues orientales qu'il étudia depuis.

Cary, antiquaire érudit, l'initie dans la science des médailles. Il parcourt à Aix les manuscrits de l'illustre *Peiresc*, l'un des plus grands savans du dix-septième siècle, aux regards de qui aucun reste de l'antiquité n'échappait. Telles furent les occupations du jeune Barthelemy.

En 1744, il vint à Paris. M. de Boze, créateur et ancien secrétaire de l'Académie des Inscriptions, était dépositaire du cabinet des Médailles; il demande l'abbé Barthelemy pour adjoint.

En 1747, M. Burette, associé de l'Académie des Inscriptions, meurt; Barthelemy le remplace.

En 1753, il succède dans la place de Garde du cabinet des Médailles, à M. de Boze, avec qui il travaillait depuis sept ans. Le cabinet, à son arrivée, contenait vingt mille Médailles antiques; Barthelemy en a laissé quarante mille. Il fait des acquisitions parmi les riches collections de *Cary*, de *Clèves*, d'*Ennery*, et surtout de *Pellerin*, la plus complette qu'aucun particulier ait possédée.

L'abbé Barthelemy avait lu aux séances de l'Académie, huit mémoires intéressans. Il part en 1754, pour l'Italie, où sa réputation le précède. Tous les savans le consultent sur les monumens anciens dont il est entouré, il les éclaire et il expose d'une manière neuve et satisfaisante, *la belle Mosaïque de Palestrine.* Il visite avec Piranèse les ruines d'Herculanum, de Pompeïa, de Pœstum. Les fruits de ses recherches sont consignés dans ses mémoires.

La renommée l'avait placé au rang des hommes célèbres qui honoraient la France par leurs lumières ; M. de Choiseul l'inscrivit sur la liste des Hommes de Lettres qui méritaient des distinctions. Il eut des pensions, et il s'honora par l'emploi de sa nouvelle fortune. Sa bibliothèqúe en est le fruit. Elle lui servit à finir ce chef-d'œuvre de goût et d'érudition, que la Grèce eut envié à la France, et destiné à fermer la carrière du dix-huitième siècle, le *Voyage du jeune Anacharsis*, auquel il consacra trente ans. Il parut en 1788. Louis XVI, après l'avoir lu, fit offrir à l'auteur la direction générale de la bibliothèque, dite aujourd'hui *Nationale*. Sa modestie la refusa.

Il préparait une description exacte et raisonnée des richesses antiques, dont le dépôt lui était confié : il ne put achever sa *Paléographie numismatique*.

En 1789, il fut reçu d'une voix unanime, à l'Académie Française. Une honnêteté constante, des mœurs douces, pures et simples, une modestie excessive lui avaient concilié la bienveillance universelle. Il en recueillit en ce jour le témoignage le plus flatteur. Sa réception fut le triomphe de la vertu et du talent. Il loua *Beauzée* son prédécesseur, avec noblesse et simplicité. Ici Platon fut malheureusement le *Cygne de l'Académie*.

Le décret du 3 août 1793, supprima les corporations savantes ; il perdit sa fortune avec la constance de Socrate. La mort de ses amis lui fut plus sensible que la perte de ses biens. Le premier septembre il fut incarcéré avec son neveu *Barthelemy de Courçay* : heureusement l'erreur fut réparée le lendemain. Il eut sa liberté. On lui offrit la place de *Bibliothécaire* en chef : son âge et ses infirmités ne lui permettaient pas de se livrer aux détails infinis qu'elle exigeait. Ce respectable octogénaire eut le courage de la refuser. Il vendait cependant une partie de ses livres pour exister ; et si l'on observe que la *classe* de la *littérature française* est si peu considérable dans une aussi belle bibliothéque, comparativement aux autres branches, on n'accusera que le malheur des circonstances, qui avaient réduit à une grande détresse cet homme illustre, l'honneur de son pays et l'objet de la vénération des étrangers.

Ce Nestor de la littérature française était dans sa quatre-vingtième année. Le 11 floréal an 3,

(30 avril 1795.) Il lisait la quatrième épître (1) du premier livre d'Horace, lorsque la mort l'enleva.

Dusaulx, le traducteur de Juvenal, fut l'interprète des regrets de tous les savans auprès de la Convention nationale, le 15 floréal an 3. Elle accorda, à la mémoire du grand homme qu'on pleurait, et au mérite de son neveu, un décret par lequel *Barthelemy de Courçay* occuperait en chef la place dont il remplissait les fonctions depuis vingt-sept ans, comme adjoint. Ainsi disparut l'un des ornemens du siècle, laissant à chacun de ses parens un père à pleurer, à ses amis une perte infinie à réparer, aux savans de toutes les nations un exemple à suivre, aux hommes de tous les tems et de tous les pays un modèle à imiter.

Son éloge est consigné dans ses écrits et dans les fastes littéraires du monde. *Houdon* a laissé à ses amis la douce bonhommie et la noble simplicité de ses traits. *Nivernois*, *Sainte-Croix* et *Boufflers* ont transmis à la postérité ses titres

---

(1) Il avait sûrement crayonné ces deux vers :

Inter spem, curamque timores inter et iras,
Omnem crede diem tibi diluxisse supremum.

et ses droits à la vénération de ses contemporains.

Multis ille bonis flebilis occidit.

Sommaire du catalogue des livres de feu l'abbé Barthelemy.

N°. 30. Clementis Alexandrini, opera, gr. et lat. cum notis Potteri. Oxonii, 1715, 2 vol, in-folio, v. f. ch. m. — Vendu 87 fr.

N°. 59. Religio veterum Persarum, Parthorum et Medorum, autori Th. Hyde. Oxonii, 1760, 1 vol. in-4°., m. r. fig. ch. magn. — Vendu 37 fr.

N°. 67. Œuvres de Montesquieu, avec de nouveaux manuscrits, et 15 fig., par Moreau, Peyron, etc., 5 vol. in-4°., édit. nouv., Paris, an 5, pap. vel., en feuill. — Vendu 120 fr.

N°. 88. Recherches sur l'origine, l'esprit et les progrès des arts de la Grèce, par d'Hancarville, 3 vol. in-4°., gr. pap. — Londres, 1785, v éc. fil. tr. dor. belles épreuves. — Vendu 148 fr. 5. cent.

N°. 94. Platonis, opera, gr. lat. cum interp. et notis Serrani. Parisiis, Henric. Stephanus 1578, 3 vol. in-folio, v. f. Exemplaire, grande marge. — Vendu 87 fr.

N°. 123. Goth. Guil. Leibnitii opera omnia, collecta à L. Dutens, Genev. de Tourn., 1768, 6 tom. en 12 vol. in-4°., gr. pap., mar. cit. — Vendu 120 fr.

N°. 204. Histoire naturelle de Pline, avec la trad. de Poinsinet de Sivry. Paris, 1774 et suiv. 12 vol. in-4°., v. f. d. s. tr. — Vendu 154 fr. 5 cent.

N°. 262. Peintures antiques de Bartoli, avec l'explication de la Mosaïque de Palestrine, par Barthélemy, gr. in-folio, m. r. tr. d. fil. fig. color. Ouvrage très-rare tiré à 30 exemp. seulement. Première édit — Vendu 775 fr.

N°. 263. Picturæ antiquæ Cryptarum Romanarum et sepulcri Nasorum, delineatæ à Petro S. Bartholi, 1750, in-folio, v. f. — Vendu 126 fr.

N°. 268. Museo Fiorentino che contienne i ritratti de' Pittori, 4 vol. in-folio. Max. v. m. f. tr. d. — Vendu 137 fr. 15 cent.

N°. 278. Œuvres de Piranese, contenant beaucoup de Vues de Rome, de toutes les antiquités, etc. Le tout in-folio, forme d'Atlas, cart. à dos de m. r. Sup. ex. — Vendu 380 fr.

N°. 312. Monde priimtif, par Court-de-Gébelin. Paris, 1780. 9 vol. br. en 12 vol, in-4°. — Vendu 50 fr.

N°. 281. A description of the general Plan Diocletian's Palace as it was restored, 1764, in-folio, Atlas b. épr. — Vendu 77 fr.

N°. 336. Jac. Golii Lexicon arab. lat. Lugd. Bat., 1653, in-folio, m. v. opus rarum. — Vendu 129 fr. 5 cent.

N°. 347. Hesychii Lexicon græcum, cum notis Alberti. Lugd. Bat., 1746, 2. vol. in-fol. v. éc. fil. — Vendu 73 fr.

N°. 349. Suidœ Lexicon, gr. et lat., Stad. Œmili Porti et Kusteri, Cantabrigiæ, 1705, 3 vol. in-folio m. cit. fil. d. s. tr. exemp. élég. — Vendu 202 fr. 10 cent.

N°. 354. Thesaurus Linguæ græcæ ab Henr. Stephano constructus. Paris, 1572, 4 vol. in-folio, m. v. fil. — Vendu 121 fr. 5 cent.

N°. 378. Linguarum veterum septentrionalium thesaurus grammatico criticus et archæologicus, auctore Hickesio. Oxon., 1705, 3 vol. in-folio, mar. viol. t. d. fil. — Vendu 140 fr. 5 cent.

N°. 383. Rhetores antiqui. Venet. Aldus, 1508, 2 vol. gr. in-folio, mar. citr. tr. d. f. ex. élég. Cum notis manuscriptis. — Vendu 216 fr. 10 cent.

N°. 398. Oratorum græcorum Orationes,

cum notis Wolfii Taylori et Marklandi, ed. Reiske Lipsiæ, 1772, 12 tom. en 20 vol. in-8°, br. en cart. dos rel. — Vendu 150 fr.

N°. 428. M. Tullii Ciceronis opera cum delectu commentariorum ed. Jos. d'Olivet. Parisiis, 1740, 9 vol. in-4°. ch. max. mar. r. tr. d. fil. exemp. elegantissimum libri rarissimi. — Vendu 1500 fr.

N. B. *Il s'est élevé à-peu-près à ce même prix à la vente de Mirabeau, en 1792, mais il a été au-dessous à celle de la Valière.*

N°. 450. Analecta veterum Poetarum græcorum ed. Rich. Frid. Ph. Brunk. Argentorati, 1772 et 1776, 3 vol. in-4°., pap. fin, mar. cit. tr. d. ch. mag. L'hymne de Cléanthe y est jointe. — Vendu 100 fr. 5 cent.

N. B. Brunk consultait souvent l'abbé Barthelemy.

N°. 466. Eustathii commentar. in Homer. græc., Romæ 1542, 4 vol. gr. in-folio, mar. r. tr. d. fil. exemp. nitidissimum, lib. rar. — Vendu 276 fr.

N°. 483. Pindari Olympia, Nemea, Pythia, Isthmia cum lat. vers. carmine lyrico, ed. Sudori. Oxoniæ, Th. Sheldoniano, 1697, in-folio, mar. r. tr. d. fil. ch. m. — Vendu 401 fr.

N°. 528. Opera et fragmenta veterum Poetarum latinorum, à Mich. Mailtaire. Londini, 1713, 2 vol. in-folio, gr. pap. mar. r. tr. d. fil. exemp. élég. — Vendu 192 fr.

N°. 552. P. Virgilii Opera Birmingh. Baskerville, 1766, in-8°., vel. dent. à compart. Deux médaillons représentant les Graces et une danse champêtre, avec un paysage sur la tranche dorée. — Vendu 155 fr.

N°. 570. Ovidii Opera, cum not. variorum et P. Burmanni. Amstelodami, 1727, 4 vol. in-4°., mar. r. — Vendu 80 fr.

N°. 651. Le Paradis perdu de Milton, en angl. et en franç., orné de douze estampes col. Paris, Defer de Maisonneuve, 3 vol. gr. in-4°., pap. vel. m. r. d. — Vendu 153 fr.

N°. 667. Œschilii Tragediæ cum scholiis græcis, vers. et comment. Stanleci. Londini, 1663, in-folio, mar. fil. tr. d. — Vendu 61 fr. 10 cent.

N°. 705. Les Comédies de Térence, latin.-franç., par madame Dacier. Rotterdam, 1717, 3 vol. in-8°., gr. pap., fig. de Picart, mar. r. — Vendu 126 fr.

N°. 722. A New system or an Analysis of ancient mythology by J. Bryant. Lond., 1774, 3 vol. in-4°., v. m. fil. — Vendu 40 fr.

N°. 774. T. Petronii Opera, cum notis variorum, curis P. Burmanni. Amstelodami, 1743, 2 vol. in-4°., gr. pap. mar. r. d. s. tr. fil. — Vendu 94 fr.

N°. 800. Athenian letters: or the Epistolary correspondence of an agent of the king of Persia, residing at Athens during the Peloponnesian war. Lond., 1781, in-4°., pap. fin. vel. dent. tr. d. — Vendu 89 fr.

N°. 819. Luciani Opera, cum vers. Hemsterhusii et Gesneri, græc. schol. ac notis Kusteri, Solani, etc. Amst., 1743, 4 vol. in-4°., gr. pap. v. f. fil. d. s. tr. — Vendu 175 fr.

N°. 849. Theatri Geographiæ veteris Ptolemæi Alexandrini lib. VIII, gr. et lat. Opera Bertii. Lugd. Bat., 1618, in-folio, m. r. d. ch. mag. — Vendu 106 fr. 10 cent.

N°. 851. Strabonis Geographia, cum notis Casauboni, gr. et lat. Amstel., 1707, 2 vol. in-folio, m. tr. d. — Vendu 109 fr.

N°. 881. Description hist. et géograph. de l'Inde, composée de divers ouvrages de Tiesenthaler, Anquetil et Rennel, publiée par Bernoulli. Berlin, 1786, 3 vol. gr., in-4°, avec 64 cartes, v. éc. — Vendu 80 fr.

N°. 893. Voyage pittoresque, ou Description

des Royaumes de Naples et de Sicile, par l'abbé de Saint-Non. Paris, 1781, 5 vol. in-folio, br. fig. bell. épr. — Vendu 409 fr.

N°. 900. Voyage en Sibérie, par Chappe d'Auteroche. Paris, 1768, 3 vol. in-folio, et Atlas, gr. pap. — Vendu 130 fr.

N°. 905. Voyage d'Anarcharsis en Grèce, 4 vol. in-4°., et Atlas enrichi de fig. et de pièces, papier vél., avec le portrait de l'Auteur, av. et avec la lettre, mar. r. tr. d. fil. Sup. exemp. — Vendu 130 fr.

N°. 931. Voyage d'Egypte et de Nubie, par Norden. Copenhag, 1755, 2 tom. en 1 vol. in-folio. — Vendu 230 fr.

N°. 949. Essai sur l'histoire chronologique de plus de 80 Peuples de l'antiquité, par Laborde. Paris, Didot, 1788, 2 vol. in-4°., gr. pap. vel. m. r. — Vendu 80 fr.

N°. 964. Histoire Universelle, traduite de l'Angl. d'une Société de Gens de Lettres, avec fig. et cartes. Amster. 1747, 45 vol. in-4°., v. éç. fil. — Vendu 261 fr.

N°. 979. Reineri Reineccii Historia Julia, sive Syntagma heroicum trium priorum monarchiarum. Heimstadii, Kirchnerus, 1594, 95 et 97, 3 vol. in-fol. — Vendu 151 fr.

N°. 990. Mémoires sur les antiquités de la

Perse, par A. J. Silvestre de Sacy, avec un supplément. Paris, 1793, in-4°., m. r. fil. tr. d. — Vendu 56 fr.

N°. 1002. Herodoti historiarum libri IX, gr. et lat. cum notis P. Wesselingii. Amst., 1763, in-folio, m. tr. d. ch. mag. exemp. nitid. — Vendu 110 fr.

N°. 1003. Histoire d'Hérodote, traduite par Larcher. Paris, 1786, 7 vol. in-4°. pap. fin. v. f. tr. d. — Vendu 100 fr.

N°. 1004. Thucydidis Historia, cum animad. Dukiri. Amst. 1731, 2 vol. in-folio, m. fil. tr. d. ch. mag. — Vendu 370 fr.

N°. 1006. Xenophontis opera, gr. et lat. ex versione J. Leuxclavii, accedit ejusdem appendix nova, cum not. Æmilii Porti. Paris, Ty. reg. 1625, 2 vol. in-folio, ch. m. — Vendu 235 fr.

N°. 1014. Diod. Sic. bibliothecæ historicæ, libr. recens Wesselingius. Amst. 1746, 2 vol. in-folio, m. citr. tr. dor. f. pap. d'Holl. ch. mag. exemp. nitid. — Vendu 219 fr.

N. 1031. Scriptores Historiæ Romanæ latini veteres, ed. Bennono Casp. Haurisis. Heidelbergæ, 1743, et seq. 3 vol. in-fol. gr. pap. fig. m. r. — Vendu 161 fr.

N. 1046. Polybii Historiæ, gr. et lat. curis

J. Schweighæuseri, Lipsiæ, 1789, et seq. 8 tom. en 9 vol. in-8°. br. — Vendu 156 francs.

N. 1055. Sallust. en Espagnol, Madrid, Ibarra, 1772, in-fol. m. r. tr. d. fil. magnifique exemp. — Vendu 210 fr.

N. 1057. C. Julii Cæsaris commentarii, cum not. Davisii, et Sam. Clarke, curis Fr. Oudendorpii, Lugd. Batav. 1737, 2 vol. in-4°. fig. gr. pap. m. vert. exemp. nitid. — Vendu 96 fr. 5 c.

N. 1061. Taciti opera, cum not. Gabr. Brottier. Parisiis, Latour, 1771, 4 vol. in-4°. gr. p. m. cit. tiré sur p. in-fol. — Vendu 551 fr.

N. 1145. Les ruines de Palmyre, avec les réflexions sur l'alphabet et la langue de Palmyre, par Barthelemy. Londres, 1753, gr. in-fol. v. f. fil. tr. d. — Vendu 92 fr. 10 c.

N. 1165. Les ruines de Pœstum. Londres, 1768, gr. in-fol. v. éc. fil. tr. d. — Vendu 81 fr.

N. 1199. Ezech. Sparhemius de præstan tiâ et usu numismatum. Londini, 1706, 2 vol. in-fol. m. r. — Vendu 97 fr.

N. 1227. Recueil de médailles, qui n'ont pas encore été publiées, par Pellerin, Paris, Guérin et Latour, 1762, et an. suiv. 10 vol. in-4°.

m. avec des notes de l'abbé Bart. — Vendu 150 fr.

N. 1233. Joann. Vaillant numismata græca, Amst. 1700, avec les additions de M. de Surbeck, de sa propre main, in-fol. m. tr. d. fil. — Vendu 59 fr.

N. 1235. Explication de quelques médailles grecques et phéniciennes, avec une paléographie numismatique, par L. Dutens, deuxième édition, Londres, 1776, in-4°. gr. pap. v. f. t. d. — Vendu 31 fr. 5 c.

N. 1249 Jac.-Phil. d'Orville numismata sicula, ed. P. Burmanno, Amst. 1764, 2 part. en 1 vol. in-fol. m. cit. tr. d. fil. Ch. mag. tr. bel exemp. — Vendu 38 fr.

N. 1272. Traité Hist. des monnaies de France, par le Blanc, Paris, 1692, in-4. gr. pap. avec la dissertation. — Vendu 44 fr.

N. 1280. Monnaies d'or et d'argent du cabinet de l'empereur, Vienne, 1756 et 1759, 2 vol. in-fol. gr. p. — Vendu 78 fr.

N. 1291. Traité des pierres gravées, par J. Mariette, 1750, 2 vol. in-fol. v. f. d. s. tr. — Vendu 78 f.

N. 1294. Description des pierres gravées de Stoch, par Winckelmann. Flor. 1760, in-4. avec le portrait. — Vendu 50 fr.

N. 1304. Museum capitolinum, curis Bottari. Romæ, 1750, 3 vol. in-fol. m. r. ch. mag. — Vendu 60 fr.

N. 1306. Museum etruscum, cum tabulis, et observ. Gorii. Florent. 1737, 3 vol. in-fol. m. tr. d. fil. — Vendu 89 fr. 50 c.

N. 1325. Recueil des historiens des Gaules et de la France, par D. Bouquet, Paris, 1738 et suiv. 12 vol. in-fol. v. f. exemp. de présent, — Vendu 100 fr.

N. 1430. Plutarchi opera græc. et lat. edente J. Rac. Reiske. Lipsiæ, 1774, 12 vol. in-8. dem. rel. — Vendu 149 fr.

N. 1431. Œuvres morales et Vies des hommes illustres de Plutarque. Paris, Vascosan, 1567, 14 vol. in-8. m. — Vendu 110 fr.

N. 1433. Les Vies des hommes illustres de Plutarque, revues sur les manuscrits, et trad. par Dacier, Paris, 1721, 9 vol. in-4. m. — Vendu 145 fr.

N. 1485. Miscellanea, ou Mêlanges de pièces sur divers sujets, recueillies par l'abbé Barthelemy, en 48 vol in-4. 30 in-8, et 24 in-12 avec un vol. de table. — Vendu 450 fr.

Collection des Livres de feu Thellusson, dont la vente s'est faite à l'établissement Silvestre, le 21 prairial an 9.

N. 8. Bible Ecolâtre, 2 vol. gr. in-fol v. m. manuscrit sur vel. orné de 250 miniatures, date 1294. — Vendu 253 fr.

N. 30. Zend-avesta, ouvrage de Zoroastre, trad. en franç. par Anquetil du Perron, Paris, 1771, 3 vol. in-4. — Vendu 35 fr.

N. 43. Essais de Montaigne, Amst. 1659, 3 vol. in-12, mar. r. — Vendu 34.

N. 94. C. Plinii secundi naturalis historia, cum not. variorum. Lugd. Bat. 1669, 3 vol. in-8. — Vendu 43 fr.

N. 108. Flora Rossica. Petropoli, 1784, in-fol. en feuilles, fig. col. — Vendu 76 fr.

N. 194. M. Tullii Ciceronis opera cum notis variorum, le tout 29 vol. v. f. s. tr. d. — Vendu 220 fr.

N. 205. Pindari carmina, cum latina versione carmine lyrico, per Nicolaum Sudorium. Oxonii, a theatro Sheldon, 1697, in-fol. v. br. — Vendu 58 fr.

N. 222. Pub. Virgilii opera. Birminghamiæ, Baskerville, 1757, in-4. dem. rel. sans être rogné, editio prima. — Vendu 52 fr.

N. 232. Quint. Horatius Flaccus, Birminghamiæ, Baskerville, 1770, in-4. m. r. dent. fig. rel. angl. — Vendu 41 fr.

N. 264. Le roman de la Rose, avec le glossaire. Amst. 1735, supplément au glossaire, Dijon, 1737, 4 vol. in-12, v. f. — Vendu 32 francs.

N. 272. Jean Marot, de Caën sur les deux heureux voyages de Gênes et Venise, victorieusement mis à fin par Louis XII, Paris, P. Roufet, dict. le Faucheur, sans date, lettre ronde, in-8°. m. cit. dent. tr. d. — Vendu 30 fr.

N. 323. The Works of the English Poets, with Préfaces biographical and critical, by Sam. Johnson. London, 1779, 68 vol. in-12, v. rac. fil. fig. — Vendu 199 fr.

N. 390. S'ensuit le preux Chevalier Artus de Bretaigne, traictant de merveilleux faitz. Paris, v. de J. Treppeul, sans date, in-4. Goth. mout. bleu, dent. — Vendu 34 fr.

N. 503. Atlas universel, par Robert de Vaugondy, Paris, 1757, in-fol. gr. pap. v. m. — Vendu 135 fr.

N. 509. Les trois voyages du capitaine Cook, Paris, 1774 et suiv. 13 vol. in-4°. v. f. fig. — Vie du capitaine Cook, Paris, 1789, in-4°. dem. rel. — Vendu 135 fr.

N. 526. Voyage et description de l'Arabie, par Nieburh, Amst. 1774 et suiv. 4 vol. in-4°. baz. éc. fil. fig. y compris les questions de Michaelis. — Vendu 63 fr.

N. 553. Les Antiquités romaines de Denis d'Halicarnasse, trad. en français, Paris, 1723, vol. in-4°. gr. pap. v. f. fil. — Vendu 24 fr.

N. 619. Histoire philosophique, par Raynal, Genève, 1780, 10 vol. in-8°. pap. fin, mar. vert. Atlas, in-4°. fig. — Vendu 120 fr.

Collection des livres de feu le citoyen Bertrand-Dufresne, Conseiller d'état, Directeur-général du trésor public.

La vente qui s'est faite par le citoyen Tilliard, libraire, a commencé le 11 messidor an 9, et a duré 10 vacations.

Cette collection, dit le citoyen Tilliard, dans son avertissement, ne mériterait pas le titre de bibliothèque, si l'on y cherchait le nombre des volumes, ou la rareté des éditions. Un choix dans chaque classe justifie bien plus que la quantité des ouvrages, le bon goût de celui qui en fit ses lectures habituelles.

Notice *sur B. Dufresne.*

Bertrand Dufresne naquit à Navarreins, dans les Basses-Pyrénées, le 15 août 1736.

Il vint très-jeune à Paris, et fut l'artisan de sa fortune.

Il mérita de bonne heure la confiance de MM. de la Borde et Beaujon, banquiers de la cour.

Il fut ensuite premier commis des finances, pendant le ministère de M. Necker, auquel il resta toujours très-attaché.

Sévérité, probité, exactitude, grand amour du travail, voilà les qualités qui distinguèrent B. Dufresne dans les différentes places qu'il occupa.

Il vivait à la campagne dans une retraite agréable et paisible, lorsqu'il fut nommé à la place de Directeur général du trésor public.

Il sentit toute l'importance de ce nouveau poste. Il s'y livra avec une activité disproportionnée à son âge.

L'année était à peine révolue qu'il succomba

à

à l'excès de son travail. Il est mort le 3 ventose an 9, âgé de 65 ans.

Le dernier acte de sa vie fut un trait de bienfaisance. Dans sa nouvelle organisation du Trésor public, il avait été obligé de faire des réformes indispensables, il sentit qu'il augmentait le nombre des malheureux. Il forma, deux mois avant sa mort, une liste des vétérans employés, et sollicita le gouvernement pour leur obtenir des pensions de retraite ; le moment n'était pas favorable. Le directeur ne se rebuta point, il ne perdit pas de vue ses *chers vétérans* ; il trouva moyen d'assurer leur sort, en prélévant sur les appointemens de chaque employé une faible rétribution annuelle.

Ce fut sa dernière opération au trésor public, aucun journal n'en a parlé. Pourquoi ne s'empresse-t-on pas de publier les actions vertueuses? Elles sont si rares !

C'est un de ces mêmes vétérans qui paye la dette de son cœur, en rappellant ce trait, il a cru devoir cet hommage à la mémoire de son bienfaiteur.

Sommaire du Catalogue des Livres de feu le cit. Bertrand-Dufresne.

Nº. 76. Œuvres du chancelier Daguesseau. Paris, 1759, 12 vol. in-4°., m. r. — Vendu 99 fr. 95 cent.

Nº. 90. État nominatif des Pensions sur le Trésor royal, imprimé par ordre de l'Assemblée Nationale. Paris, Impr. Nat., 1789, 4 v. in-4. — Vendu 96 fr. 95 cent.

Nº. 100. Encyclopédie, ou Dictionn. raisonné des Sciences, Arts et Métiers, mis en ordre par Diderot et d'Alembert. Paris et Genève, 1751, 35 vol. in-folio. — Vendu 413 fr.

Nº. 244. Traité d'Anatomie et de Physiologie, avec des planches coloriées, par Vicq d'Azir. Paris, Didot aîné, 1786, 9 liv. 1 vol. in-folio, fig. br. — Vendu 96 fr. 95 cent.

Nº. 377. Monde primitif, par Court de Gebelin. Paris, 1773, 9 vol. in-4, fig. m. r. — Vendu 109 fr. 65 cent.

Nº. 480. Les Métamorphoses d'Ovide, trad.

par Banier. Paris, 1767, 4 vol. in-4. fig. de Basan et Lemire, v. éc. tr. d. bonnes épr. — Vendu 86 fr.

N°. 515. Le Temple des Muses, orné de 60 tableaux, avec l'explication, par la Barre de Beaumarchais, Amst., 1733, in-folio, fig. m. r. — Vendu 66 fr.

N°. 576. Les Avantures de Télémaque, par Fénélon. Amst. 1734, gr. in-4. fig. de Picart, m. r. — Vendu 37 fr.

N°. 679. Collection, appellée du Dauphin, contenant Télémaque, Bossuet, Racine, Lafontaine et Boileau. Le tout, 18 vol. in-18, Paris, Didot aîné, pap. vel. v. j. — Vendu 67 fr. 95 cent.

N°. 694. Œuvres de Voltaire, édit. de Beaumarchais. Kell, 1785, 70 vol. in-8. gr. pap. vel. fig. v. r. d. t d. — Vendu 675 fr. 95 cent.

N°. 721. Atlas universel de Rob. de Vaugondy, avec les cartes des postes, 108 fr. in-fol. max. — Vendu 139 fr. 95 cent.

N°. 778. Voyage pittoresque de la Grèce, par M. de Choiseul Gouffier, avec fig. gravées par J. B. Tilliard. Paris, 1772, in-fol. max. fig. m. v. — Vend. 190 fr. 5 cent.

N°. 787. L'Art de vérifier les dates, par D. Maur d'Antine, D. Durand et Clément, etc. Paris, 1783, 3 vol. in-folio, v. j. — Vendu 148 fr. 55 cent.

N°. 794. Histoire Universelle depuis le commencement du monde, jusqu'à nos jours, par une Société de gens de lettres. Amst. et Paris, 1747, 1792, 45 vol. in-4, fig. v. m. f. — Vendu 207. 5 fr. cent.

Une Bible américaine, imprimée à Camtridge-Town. N. Anglet. annoncée comme rare en Europe et surtout en France. — Vendu 18 francs.

Collection des Livres du cit. Montucla, de l'Institut National, auteur de l'Histoires des Mathématiques.

NOTICE SUR J. E. MONTUCLA.

J. E. Montucla, fils d'un négociant de Lyon, nâquit en 1725.

Les Langues étrangères furent ses premières études.

Il apprit les mathématiques chez les Jésuites.

A dix-huit ans il vint à Paris. Il se lia d'amitié avec le libraire Jombert, et prit un logement chez lui pour se livrer tout entier au travail.

Il rechercha la société de Diderot et de Dalembert.

Descartes, Newton, Leibnitz, Galilée, Huyghens furent ses modèles.

En 1754, il donna son Histoire des Recherches sur la Quadrature du Cercle.

Que d'erreurs a enfanté cette trompeuse étude !

Montucla eut l'adresse de tirer de ce foyer fallacieux, quelques rayons de vérités.

Son Histoire des mathématiques parut en 1758.

C'est surtout dans cet ouvrage qu'on trouve clarté, méthode, précision.

On descend de siècle en siècle, de peuple à peuple, de savant à savant ; l'auteur vous rend sensible le développement de chacune des vérités, et le secours qu'elles se prêtent mutuellement.

Il passe rapidement en revue tous ces hommes célèbres qui n'ont marqué leur courte (1) existence que par quelques pas qu'ils ont fait faire à la science, et qui ont disparu pour faire place à d'autres.

Montucla fit, en 1764, un voyage à Cayenne, d'où il rapporta pour les Serres de Versailles, le cacao et la vanille.

---

(1) Ce *brevem dominum* d'Horace qui a tant d'expression.

Il perdit toute sa fortune à la révolution. La philosophie et l'étude soutirent son courage.

Un bureau de loterie fut la seule ressource qu'il put offrir aux besoins de sa famille.

Il était tourmenté de la pierre, maladie privilégiée des gens de lettres, qui a enlevé Montaigne, Buffon, Franklin et Dalembert.

Ses douleurs finirent avec lui, le 27 frimaire an 8, (18 décembre 1800.) à l'âge de soixante-quatorze ans.

Cette vente s'est faite à l'établissement Mauger, le 15 thermidor an 9, et a duré huit vacations.

N°. 102. Historia matheseos universæ, auth. Jo. Christop. Heilbrouner. Lipsiæ, 1742, in-4. dem. rel. avec des notes manuscrites de Montucla. — Vendu 16 fr.

N°. 103. Archimedis monnmenta omnia mathematica quæ extant latinè. Panormi, 1685, in-folio, vel. — Archimedis opera, gr. et lat. cum comment. Davidis Rivalti à Flurantia. Parisiis, Morellus, 1615, in-folio, v. b. — Vendu 36 fr.

N°. 110. Leonhardi Euleri methodus inveniendi lineas curvas. Lausannæ, 1744, in-4°. — Ejusdem opuscula varii argumenti. Berolini, 1746, 3 tom. in uno vol. in-4°. — Ejusdem scientia navalis, Petropoli, 1749, 2 vol. in-4°. — Ejusdem tentamen novæ theoriæ musicæ. Petropoli, 1739. — Ejusdem theoria motuum lunæ, 1772, in-4°. — Ejusdem institutiones calculi differentialis. Petropoli, 1755, in-4°. — Vendu 88 fr.

N°. 115. Opere del Conte Jacopo Riccatti. In Lucca, 1761, 3 vol. in-4°. vel. — Vendu 41 fr.

No. 127. Diophanti Alexandrini arithmeticorum libri sex et de numeris multangulis liber unus, cum comment. Gasp. Bacheti et observationibus P. de Fermat. Tolosæ, 1670, in-folio, v. d. s. t. — Ejusdem P. de Fermat opera mathem. in-folio. — Vendu 45 fr. 95 cent.

N°. 129. Le sei parte del general trattato di numeri e misure di Nicolo Tartaglia. In Venegia, 1556, in-folio, mar. v. ex. de Thou. — Vendu 37. fr.

No. 138. Rational recreations in which the principles of numbers and natural philosophy are elucidahd by W. Hooper. Lond., 1774, 2 vol. — Vendu 5 fr. 95 cent.

N°. 166. Principiorum calculi differentialis et integralis expositio element. aut. sim. l'Huillier. Tubingæ, 1795, in-4°. v. m. — Vendu 10 fr. 80 cent.

N°. 172. Scriptores logarithmici, or à collection of several curious tracts on the nature and construction of logarithms mentioned in Dr. Hutton's introduction to the Shewin mathematical tables. Lond. 1791, 2 vol. in-4°. v. éc. — Vendu 21 fr. 95 cent.

N°. 180 Euclidis elementorum libri priores sex, item undecimus et duodecimus, ex versione latinâ Feder. Commandini curante Rob. Simson. Glasguæ, 1756, in-4°. v. m. — Vendu 9 fr. 55 cent.

N°. 185. Apollonii Pergæi locorum planorum libri duo restituebat sam. Horsley. Glasguæ, 1749, in-4°. — Vendu 10 fr.

N°. 193. La Géométrie Souterraine, ou Traité de Géométrie-Pratique, appliquée à l'usage des mines, par Gensanue. Paris, 1776, in-8°. v. m. — Vendu 6 fr. 15 cent.

N°. 197. Gregorii à S. Vincentis opus geometricum quadraturæ circuli et sectionum decem libris comprehensum. Antuerpiæ, 1647, in-folio, v. b. — Vendu 15 fr. 95 cent.

N°. 207. Nouveaux Traités de Trigonométrie rectiligne et sphérique, par Deparcieux. Paris, 1741, in-4°., v. m. — Vendu 10 fr.

N°. 211. Traité de Trigonométrie rectiligne et sphérique, traduit de l'italien de Cagnoli, par Chompré. Paris, 1786, in-4°., v. m. — Vendu 9 fr. 95 cent.

N°. 213. Observations mathémat. astronomiques géograph. chronolog. et physiques, tirées des anciens livres Chinois, ou nouvellement faites à la Chine, par le P. Soucier. Paris, 1732, 3 vol. in-4°. — Vendu 6 fr. 30 cent.

Numéros 233 et 234. Traité élémentaire de méchanique et de dynamique, par Bossut. Charleville, 1763, in-8°. — Et Méchanique analytique, par la Grange. Paris, 1768, in-4. v. m. — Vendu 11 fr.

N°. 235. La Méchanique appliquée aux arts, aux manufactures, à l'agriculture et à la guerre, par Berthelot. Paris, 1781 et 1782, 2 vol. in-4°., v. m. fig. dem. rel. — Vendu 35 fr.

N°. 255. Stereography or à compleat body of perspective by J. Hamilton. London, 1738, 2 vol. in-folio, fig. v. m. — Vendu 15 fr.

Au moment où je terminais cet écrit, le canon de la paix s'est fait entendre ; notre commerce est sauvé, me suis-je écrié, si l'on sait profiter du bienfait qu'on vient d'obtenir. Quand pourrons-nous dire comme Horace :

Alme sol, curru nitido diem qui
Promis et celas, aliusque et idem
Nasceris; possis nihil urbe LUTETIA.
Visere majus. — Carmen seculare.

Une sage administration peut à présent nous guérir des plaies immenses dont notre corps politique est couvert. La plus profonde assurément, est celle de notre infâme banqueroute, qui a détruit notre crédit. Le seul moyen de le rétablir, c'est de venir au secours des véritables créanciers de l'état, en distinguant bien les créanciers usuraires. Les premiers sont faciles à reconnaître sur le *grand livre* ; ne serait-ce pas un acte de justice, qui leur est bien due, de les replacer, non comme ils étaient (ce qui est impossible), mais au moins dans une situation moins pénible, en leur rendant *au moins en viager, pour aider les vieillards à mourir*, une partie de leur fortune dont ils ont été si cruellement dépouillés. (1)

Alors tous les nerfs de l'industrie reprendront cette vitalité qui leur manque, le commerce refleurira de nouveau, Paris n'offrira plus cette bigarrure de richesse et de misère qui choque les étrangers ; chacun bénira la main qui nous apporte le rameau d'olivier ; toutes les nations s'empresseront de venir contempler à loisir cette Capitale célèbre, qui fut pendant 12 ans le théâtre de tant d'actions mémorables, et lorsque l'on goûtera enfin les douceurs de la paix, on pourra alors s'écrier :

Paris devenu libre est le centre des arts,
Le magasin du monde et le temple de Mars.

---

(1) Il faut le dire, l'infortuné rentier qui, depuis 89 a essuyé tous les orages de la révolution, est aujourd'hui moins bien traité que beaucoup d'émigrés rentrés.

FIN.

www.ingramcontent.com/pod-product-compliance
Ingram Content Group UK Ltd.
Pitfield, Milton Keynes, MK11 3LW, UK
UKHW021006180726
13838UKWH00003B/1463

9 782329 139753